РОЖДЕСТВЕНСКИЙ ПОСТ

*

ADVENT

РОЖДЕСТВЕНСКИЙ ПОСТ

Сергей Завьялов

*

ADVENT
Leningrad, 1941

Sergey Zavyalov

Molecular Press
Geneva

ISBN 978-2-9700376-4-4

РОЖДЕСТВЕНСКИЙ ПОСТ Copyright © 2009
by Sergey Zavyalov

English translation copyright © 2017 by Molecular Press

Translated by graduate students of the Herzen Institute, St Petersburg: Anna Brechalova, Lyaysan Farukhshina, Ksenia Fokina, Ekaterina Golovatenko, Ekaterina Karavaeva, Natalia Krasavina, Tatiana Mashtakova, Elena Menesheva, Maria Minakova, Maria Ozerskaya, Artem Petrov, Ekaterina Shestakova, Andrei Sidorov, Karina Timofeeva, Anna Uraskova, Yana Yanovskaya and Elena Zubenko; edited by Peter McCarey, approved by the author.

Horace translation by Niall Rudd quoted from Horace:
Odes and Epodes
(Cambridge & London, Loeb Classical Library, 2004)

Typeset and designed by Gerry Cambridge
www.gerrycambridge.com

Sergey Zavyalov and his poem *Advent, Leningrad 1941*

Did Leningrad fall off the poetical map of the world when Joseph Brodsky was ejected? If you can name a Russian poet after him, the chances are you're a specialist. You might mention Arkadii Dragomoshchenko, who was on the US lecture circuit and plugged into the Language Poets. Which helped. His younger peer Sergey Zavyalov has western connections too, though they go back a bit further, to classical Greece and Rome. Then seven years in Finland and several in Switzerland, with French rather than English as a *lingua franca* – and you begin to see how this astounding poet, widely available in other languages, could be making his English book debut[1] with an upstart press in Geneva, while his collected poems are appearing now in Russia, to much acclaim. Collected but not complete, because he is writing still.

Why should the reader of English begin with this particular poem? (if indeed it is one: there are doubts, to which I'll return). Because its historical context, the Siege of Leningrad, is self-explanatory; because it exemplifies Zavyalov's mature style where separate voices interact – not dramatically among themselves but in the reader's understanding; because those voices are readily apprehended; and because the approach it takes to an emblematic moment in Soviet history is so original as to appear sacrilegious, which it is not.

Foreign readers tend to perceive the great Soviet-era poets as specific voices, tragic or heroic. Zavyalov certainly has a voice – he is a powerful reader of his own work – but here he is more of a choirmaster or composer than a soloist, and his emphasis is not, at all, on the triumph or tragedy of any individual, but on what happens to people, many of them humble or anonymous, when the society they compose is pulverized. For Stephen Dedalus, history was a nightmare from which he was trying to awake.

---

[1] A few poems have been published in English translation, eg in John High, ed., *Crossing Centuries: The New Generation in Russian Poetry* (New York, Talisman, 2000), and in *Aufgabe* (New York) # 8, 2009.

Zavyalov (who lives not far from Joyce's grave) tries not to let the monster out of his sight.

The result is often fragmentary translation. In the early work the reader is challenged with Pindaric fragments, done in various registers of modern and older Russian, the scansion marked in Latin abbreviations, like a barbed-wire gift-wrap. This isn't only or mainly a show of scholarship. Zavyalov was born in postwar Tsarskoye Selo, renamed Pushkin, a town near Leningrad whose inhabitants had been killed, starved, deported or enslaved during the war. All of them. Some of Zavyalov's forebears were Mordvins, of the Finno-Ugric (or Uralic) language family. Although a native Russian speaker, he became aware of cultures that had died on him in the triumphally reconstructed town of Pushkin. When he came to ancient Greek, he was therefore alive to the political violence that deals out poetic fragments. That violent fragmentation had to figure in his work, not to dictate its form.

Just before *Advent*, Zavyalov published another long poem, *Good News Times Four* (2008), which follows a series of local prophets – the ambience is mostly Christian, though Islam comes into it – as they negotiate the Mordovian Autonomous Soviet Socialist Republic by public transport, using an amalgam of local languages with vatic and bureaucratic Russian. It is bewilderingly rich and at moments very funny. The language is all Zavyalov's.

In *Advent* it is not – hence some of the complaints that this text is not a poem. I've heard the same said of another classicist, Anne Carson, but with Zavyalov I don't think we can get away with shrugging "does it matter?" Because it does. The Russian poet, even in exile, has a certain responsibility. Zavyalov, as what he calls "a hereditary Marxist", grounds his work in other poetry, primarily Russian, and wants to be heard in that secular conversation.

Unlike much of the *avant garde*, Zavyalov is not afraid of being understood, though he can also be misread. His subsequent long poem, *Soviet Cantatas* (2015), once again brings other voices together, on the Great Terror. There are no ironic winks to guide the reader. Indeed, at a recent reading in Geneva, one listener exclaimed "this is pure Stalinism!" which it isn't, but you are being asked to rethink poetry and how you read it.

About this translation. In 2016, when invited to teach a graduate class on translation at the Herzen Institute in Saint Petersburg, I got in touch with Sergey Zavyalov, whom I had heard read *Advent* at Geneva University.[2] To my surprise he lived not in Saint Petersburg but near Zurich. The Herzen students turned out to be such amazing linguists that I gave them the very difficult task of translating a modern poem *out of* their own language. The process was interesting. To elucidate one term in the liturgical calendar, one young lady went to the nearest monastery and convened an impromptu synod. Another, when it came to the "matins" section, learned to sing them (beautifully) before translating. Another deciphered the code letters on the ancient ration cards (I would lazily have left them unexplained). Another figured out that the rather inept lyric interludes in the poem were Zavyalov parodying himself. Most of them, when it came to reading the poem aloud in ten voices, found the experience absorbing and, especially for children of that city, starkly moving. Sergey Zavyalov and his wife Olga reviewed with me the English version produced by the Herzen Institute class. The Russian text is as published by NLO, Moscow 2010.

Peter McCarey
Geneva, 2017

---

[2] See Peter McCarey, *Find an Angel and Pick a Fight* (Geneva, 2013), pp. 249–255.

1

29 ноября 1941 года, суббота.

Погода:

Температура воздуха в Ленинграде минус 9-11 градусов;
облачно, пройдет кратковременный снег;
ветер переменных направлений, 3-7 метра в секунду;
атмосферное давление 762 мм ртутного столба;
относительная влажность 96 %.

Первая недѣля Рождественскаго поста:

Старый стиль 16 ноября. Память:

    Апостола и еvангелиста Матѳея.
    Праведнаго Фулвiана, князя Еѳiопскаго.

Монастырскiй уставъ:

    Сегодня, а также въ воскресеньѣ,
        вторникъ и четвергъ – разрѣшается рыба.
    Въ понедѣльникъ – горячая пища безъ масла.
    Въ среду и пятницу – сухояденiе.

Карточки продовольственные. Литера «И»:

Карточка на хлеб на ноябрь месяц.
Купоны на 29 число:

    Первый купон – 50 граммов.
    Второй купон – 50 граммов.
    Третий купон – 50 граммов.
    Четвертый купон – 50 граммов.

1.

Saturday, 29 November 1941

The weather:

> Air temperature in Leningrad: minus 9–11 degrees Celsius;
> Overcast, some snow;
> Wind: changeable, 3–7 metres per second
> Atmospheric pressure: 762 millimetres of mercury
> Relative humidity: 96%

First week of Advent

> 16 November Old Style. Feast of:
>
>> Saint Matthew the Apostle and Evangelist.
>> Saint Fulvianus, prince of Ethiopia.

Monastic Rule:

> Today, and on Sunday, Tuesday and Thursday –
> fish is permitted.
> On Monday – hot food without butter.
> On Wednesday and Friday – strict fast.

Ration cards. Letter "D (Dependent)"

> November ration card for bread.
> Coupons for 29 November:
>
>> First coupon: 50 grams.
>> Second coupon: 50 grams.
>> Third coupon: 50 grams.
>> Fourth coupon: 50 grams.

Согласно постановлению Военного Совета Ленинградского фронта № 00409 от 19 ноября 1941 года установлены новые нормы обеспечения населения хлебом.

Карточка на крупу и макароны,
рыбу и рыбопродукты на ноябрь месяц:

    Купон на крупу № 24 – 25 граммов.
    Отоварен в понедельник 24 ноября.
    Купон на рыбу № 3 – 100 граммов.
    Отоварен в понедельник 24 ноября.

Карточка на мясо и мясопродукты на ноябрь месяц:

    Купон № 16 – 25 граммов.
    Отоварен в пятницу 28 ноября.

Карточка на жиры на ноябрь месяц:

    Купон № 24 – 10 граммов.
    Отоварен в понедельник 24 ноября.

Карточка на сахар и кондитерские изделия
на ноябрь месяц:

    Купон № 16 – 50 граммов.
    Отоварен в пятницу 28 ноября.

Я сказал:

А еще в другой раз
у меня будет такой специальный шкаф:

    в одном месте ржаной хлеб
    в другом месте пеклеванный хлеб
    другом месте карельский хлеб

Further to decree number 00409 of 19 November 1941 from the Leningrad Front Military Council, new bread supply norms are introduced.

November ration card for grains and pasta, fish and fish products:

> Grain coupon № 24: 25 grams.
> Validated on Monday, November 24.
> Fish coupon № 3: 100 grams.
> Validated on Monday, 24 November.

November ration card for meat and meat products:

> Coupon № 16: 25 grams.
> Validated on Friday, November 28.

November ration card for fats:

> Coupon № 24: 100 grams.
> Validated on Monday, November 24.

November ration card for sugar and confectionery:

> Coupon № 16: 50 grams.
> Validated on Friday, November 28.

I said:

Another time
I will have a special cupboard:

> In one place there will be rye bread
> In another place – wholemeal bread
> In another place – Karelian bread

в другом месте французская булка
в другом месте городская булка
в другом месте хала

Ты сказала:

Котя приходил и говорит:
Сделай ты мне, Шура, винегрет.
Котя, ну из чего же я тебе сделаю винегрет?

Он сказал:

Алиментарная дистрофия – патологический процесс, который с клинической стороны следует рассматривать как особую нозологическую единицу. Я. Л. Рапопорт выдвинул гипотезу о ее гастрогенном происхождении. Опираясь на современные представления о многообразной секреторной, экскреторной и инкреторной функции слизистой оболочки желудка и ее роли в нервно-гуморальной регуляции жизненных процессов, автор считает нарушение метаболизма слизистой оболочки желудка ведущим звеном в патогенезе алиментарной дистрофии.

Она сказала:

Я лежу больная,
а они все только жрут и жрут, жрут и жрут.

Вы сказали:

О как величествен был снегопад   на закате этого дня
Эти хлопья   что стирают приметы пространства
Это исчезновение линий   утрата теней
    Угасание звуков

> In another place – French baguette
> In another place – white bread
> In another place – challah

You said:

> Kotya came today and said:
> Make me a vinaigrette salad, Shura.
> I said to him: Kotya, what am I supposed to make it with?

He said:

> Nutritional dystrophy is a pathological process which clinically should be viewed as a nosological unit. Jacob Rapoport proposes a gastric origin. Relying on current theories on secretory, excretory and absorptive functions of gastric mucosa and their role in neurohumoral control of life processes, the author considers metabolic disorder of the gastric mucosa to be a key element in the development of nutritional dystrophy.

She said:

> I'm here sick
> And they just keep stuffing and stuffing their faces.

You said:

> Oh how magnificent was the snowfall   at sunset today
> These snowflakes   veil the edges of the world around
> Lines are blurring   shadows receding
>   Sounds fading away

Они сказали:

> Вчера ночью части Южного фронта советских войск под командованием генерала Харитонова прорвали укрепления немецких войск, и, грозя им окружением, ворвались с северо-востока в Ростов и заняли его. В боях за освобождение Ростова от немецко-фашистских захватчиков полностью разгромлена группа генерала Клейста в составе 14-й и 16-й танковых дивизий, 60-я моторизованная дивизия и дивизия СС «Викинг». Противник оставил на поле боя свыше 5 тысяч убитыми. Захвачены большие трофеи, которые подсчитываются.

И мы воспѣли на утренѣ:

**Величитъ душа Моя Господа,
и возрадовася духъ Мой о Бозѣ Спасѣ Моемъ.**

They said:

> Last night parts of the Soviet Army South Front led by general Kharitonov broke through the German reinforcements, threatening to encircle them, charged into the city of Rostov from the north-east and recaptured the city. In battles for the liberation of Rostov from the Nazi invaders the group under General Kleist comprising the 14th and 16th armoured divisions, the 60th motorised division and the *Viking* SS Panzer-Division was completely defeated. The Germans left more than 5000 dead on the battlefield. The massive spoils that were taken are being inventoried now.

And we sang at matins:

> **My soul doth magnify the Lord,**
> **And my spirit hath rejoiced in God my Saviour.**

2

6 декабря 1941 года, суббота.

Погода:

Температура воздуха в Ленинграде минус 11-13 градусов; переменная облачность, пройдет небольшой снег; ветер северо-восточный, 3-4 метра в секунду; атмосферное давление 760 мм ртутного столба; относительная влажность 97 %.

Вторая недѣля Рождественскаго поста:

Старый стиль 23 ноября. Память:

Святителя Амфилохія, епископа Иконійскаго.
Святителя Григорія, епископа Акрагантійскаго.
Святаго Благовернаго
      великаго князя Александра Невскаго.
Священномученика Сисинія, епископа Кизическаго.
Мученика Ѳеодора Антіохійскаго.

Монастырскій уставъ:

Сегодня, а также въ воскресеньѣ,
      вторникъ и четвергъ – разрѣшается рыба.
Въ понедѣльникъ – горячая пища безъ масла.
Въ среду и пятницу – сухояденіе.

Карточки продовольственные. Литера «И»:

Карточка на хлеб на декабрь месяц.
Купоны на 6 число:

Первый купон – 25 граммов.
Второй купон – 25 граммов.
Третий купон – 25 граммов.

2.

Saturday, 6 December 1941

The weather:

>Air temperature in Leningrad: minus 11–13°C;
>cloudy spells with light snow;
>wind: north-easterly, 3–4 m/s;
>atmospheric pressure: 760 mm Hg;
>relative humidity: 97 %.

Second week of Advent:

>23 November O.S.. Feast of:

>>Saint Amphilochius, Bishop of Iconium.
>>Saint Gregory, Bishop of Agrigentum.
>>The Holy Prince
>>>Alexander Nevsky.
>>
>>Saint Sisinius the Confessor, Bishop of Cyzicus.
>>Saint Theodore of Antioch, martyr.

>Monastic Rule:

>>Today, and on Sunday, Tuesday and Thursday,
>>>fish is permitted.
>>
>>On Monday – hot food without butter.
>>On Wednesday and Friday – strict fast.

Ration cards. Letter 'D':

>December ration card for bread.
>Coupons for 6 December:

>>First coupon: 25 grams;
>>Second coupon: 25 grams;
>>Third coupon: 25 grams;

Четвертый купон – 25 граммов.
Пятый купон – 25 граммов.

Карточка на крупу и макароны на декабрь месяц:

Купоны № 1-8 – 200 граммов.
Отовариваются в конце первой декады.

Карточка на мясо и мясопродукты на декабрь месяц:

Купоны № 1-4 – 100 граммов.
Отовариваются в конце первой декады.

Карточка на жиры на декабрь месяц:

Купоны № 1-5 – 50 граммов.
Отовариваются в конце первой декады.

Карточка на сахар и кондитерские изделия
на декабрь месяц:

Купоны № 1-5 – 250 граммов.
Отовариваются в конце первой декады.

Я сказал:

А еще в другой раз
у меня будет такой специальный шкаф:

в одном месте манная крупа
в другом месте перловая крупа
в другом месте ячменная крупа
в другом месте пшенная крупа
в другом месте овсяная крупа
в другом месте греча

>
> Fourth coupon: 25 grams;
> Fifth coupon: 25 grams.

December ration card for grains and pasta:

> Coupons № 1-8: 200 grams.
> To be validated by 10 December.

December ration card for meat and meat products:

> Coupons № 1-4: 100 grams.
> To be validated by 10 December.

December ration card for fats:

> Coupons № 1-5: 50 grams.
> To be validated by 10 December.

December ration card for sugar
and confectionery:

> Coupons № 1-5: 250 grams.
> To be validated by 10 December.

I said:

> Another time
> I will have a special cupboard:
>
>> in one place there will be semolina
>> in another place – barley
>> in another place – pearl barley
>> in another place – millet
>> in another place – oats
>> in another place – buckwheat.

Ты сказала:

> Встретила Маню на улице, а она говорит:
> дядя Поля уже из-под себя ест.

Он сказал:

> По сводным данным прозектур на 1866 вскрытий алиментарная дистрофия неосложненной формы с отеками и без отеков наблюдалась в 287 случаях (т. е. в 15,4 %). Это случаи, при которых не наблюдалось никаких осложнений и прежде всего дизентерии. Эти неосложненные случаи позволяют наблюдать и устанавливать патологические изменения, свойственные алиментарной дистрофии как таковой.

Она сказала:

> Я лежу и боюсь заснуть:
> вдруг они украдут мою карточку и все сожрут?

Вы сказали:

> О был прекрасен   и этот день
> Утонувший   в чистейшем снегу
> С прорывами слабого солнца   с болезненной синью
>   С движением вдаль облаков

Они сказали:

> Вчера наши войска во главе с генералом армии тов. Мерецковым наголову разгромили войска генерала Шмидта и заняли г. Тихвин. В боях за Тихвин разгромлены 12-я танковая, 18-я моторизованная и 61-я пехотная дивизии противника. Немцы оставили на поле боя 7 тысяч трупов. Захвачены большие трофеи, которые подсчитываются.

И мы воспѣли на утрень:

> **Яко призрѣ на смиреніе рабы Своея,
> се бо отнынѣ ублажатъ Мя вси роди.**

You said:

> I met Manya in the street, and she said:
> Uncle Polya already eats his own excrement.

He said:

> According to cumulative findings from 1866 autopsies, uncomplicated nutritional dystrophy with or without oedema was observed in 287 cases (i.e. in 15.4% of cases). Those are the cases when no complications were observed, especially no dysentery. These uncomplicated cases allow observation and determination of pathological changes characterising nutritional dystrophy per se.

She said:

> Lying here, I am afraid to fall asleep:
> what if they steal my food coupons and gobble up all the food?

You said:

> Oh how beautiful   was that day too
> Drowned   in the lily-white snow
> With the weak sun breaking through   with the sickly blue
>   With the clouds floating afar

They said:

> Yesterday our troops under the command of comrade General Meretskov crushed the forces of General Schmidt and recaptured the city of Tikhvin. In the fighting for Tikhvin the 12th Panzer Division, the 18th Motorised Infantry Division and the 61st Infantry Division of the enemy were defeated. The Germans left seven thousand dead on the battlefield. The massive spoils that were taken are being inventoried now.

And we sang at matins:

> **For he hath regarded the low estate of his handmaiden:**
> **For, behold, from henceforth**
> **all generations shall call me blessed.**

3

13 декабря 1941 года, суббота.

Погода:

Температура воздуха в Ленинграде минус 12-14 градусов;
переменная облачность, без осадков;
ветер восточный, 1-2 метра в секунду;
атмосферное давление 757 мм ртутного столба;
относительная влажность 95 %.

Третья недѣля Рождественскаго поста:

Старый стиль 30 ноября. Память:

Святаго апостола Андрея Первозваннаго.
Святителя Фрументія, архіепископа Индійскаго.

Монастырскій уставъ:

Сегодня, а также въ воскресеньѣ,
            вторникъ и четвергъ – разрѣшается рыба.
Въ понедѣльникъ – горячая пища безъ масла.
Въ среду и пятницу – сухояденіе.

Карточки продовольственные. Литера «И»:

Карточка на хлеб на декабрь месяц.
Купоны на 13 число:

Первый купон – 25 граммов.
Второй купон – 25 граммов.
Третий купон – 25 граммов.
Четвертый купон – 25 граммов.
Пятый купон – 25 граммов.

3.

Saturday, 13 December 1941

The weather:

> The temperature in Leningrad: minus 12 –14 °C;
> broken clouds, no precipitation;
> wind: easterly, 1-2 m/s;
> atmospheric pressure: 757 mm Hg;
> relative humidity: 95%.

Third week of Advent:

> 30 November O.S.. Feast of:
>
> > Saint Andrew the Apostle.
> > Saint Frumentius, Archbishop of India.

Monastic Rule:

> Today, and on Sunday, Tuesday and Thursday,
> fish is permitted.
> On Monday – hot food without butter.
> On Wednesday and Friday – strict fast.

Ration cards. Letter 'D':

> December ration card for bread.
> Coupons for 13 December:
>
> > First coupon: 25 grams.
> > Second coupon: 25 grams.
> > Third coupon: 25 grams.
> > Fourth coupon: 25 grams.
> > Fifth coupon: 25 grams.

Карточка на крупу и макароны на декабрь месяц:

Купоны № 9-16 – 200 граммов.
Отовариваются в конце второй декады.

Карточка на мясо и мясопродукты на декабрь месяц:

Купоны № 5-8 – 100 граммов.
Отовариваются в конце второй декады.

Карточка на жиры на декабрь месяц:

Купоны № 6-10 – 50 граммов.
Отовариваются в конце второй декады.

Карточка на сахар и кондитерские изделия
на декабрь месяц:

Купоны № 6-10 – 250 граммов.
Отовариваются в конце второй декады.

Я сказал:

А еще в другой раз
у меня будет такой специальный шкаф:

в одном месте сахар
в другом месте горох
в другом месте фасоль
в другом месте чечевица
в другом месте мука
в другом месте рис
в другом месте вермишель

Ты сказала:

Я на казарменном,
а Шурик-то всё дома один, всё один.

December ration card for grains and pasta:

    Coupons № 9-16: 200 grams.
    To be validated by 20 December.

December ration card for meat and meat products:

    Coupons № 5-8 – 100 grams.
    To be validated by 20 December.

December ration card for fats:

    Coupons № 6-10 – 50 grams.
    To be validated by 20 December.

*December ration card for sugar
and confectionery:*

    Coupons № 6-10 – 250 grams.
    To be validated by 20 December.

I said:

    Another time
    I will have a special cupboard:

        In one place there will be sugar
        in another place – peas
        in another place – beans
        in another place – lentils
        in another place – flour
        in another place – rice
        in another place – vermicelli

You said:

    I am in the barracks
    and Shurik is always at home all alone, all alone.

Он сказал:

> Общий habitus трупа зависит от наличия или отсутствия отеков. При кахектической форме глаза глубоко западают, скулы резко выдаются, кости конечностей и таза обрисовываются исключительно отчетливо. Трупное окоченение выражено зачастую нерезко, начинается оно с мышц нижних конечностей, а не с мышц лица и шеи как обычно. Подкожная клетчатка жира обычно не содержит.

Она сказала:

> Нет. Эти разве голодают? У этих всё припасено.

Вы сказали:

> О как давно не была   эта река так ослепительна
> Ни вскрытого   ледоколами льда
> Ни горизонта с дымами   совершенство
>   Белая гладь   занесенной снегом воды

Они сказали:

> 6 декабря 1941 года войска нашего западного фронта, измотав противника в предшествующих боях, перешли в контрнаступление против его ударных группировок. К исходу 11 декабря мы имеем такую картину:
> а) войска генерала Власова, преследуя 2-ю танковую и 106 пехотную дивизии противника, заняли г. Солнечногорск.
> б) войска генерала Рокоссовского, преследуя 5-ю, 10-ю и 11-ю танковые дивизии, дивизию СС и 35-ю пехотную дивизию противника, заняли г. Истра.
> в) 1-й гвардейский кавалерийский корпус генерала Белова, последовательно разгромив 17 танковую, 29

He said:

> The overall *habitus* of the corpse depends on the presence or lack of oedema. In the cachectic ones the eyes are deeply sunken, the cheekbones protrude sharply, and the bones of limbs and pelvis are exceptionally prominent. Rigor mortis is often not pronounced. It starts in the muscles of the lower limbs, not in the facial and neck muscles as is usually the case. Subcutaneous tissue is usually absent.

She said:

> No. You can't tell me that that lot is starving.
> They're hoarding stuff.

You said:

> Oh not in a long time   has this river been so dazzling
> No ice broken   by icebreakers
> No horizon in smoke   Perfection
>   Smooth whiteness   of water covered with snow

They said:

> On 6 December 1941, having worn down the enemy in earlier battles, our Western front troops went on the counteroffensive against the enemy's main attack force. At nightfall on 11 December the situation is as follows:
> (a) Pursuing the enemy's 2nd tank division and 106th infantry division, the troops of General Vlasov took the town of Solnechnogorsk.
> (b) Pursuing the enemy's 5th, 10th and 11th tank divisions, the SS division and the 35th infantry division, the troops of General Rokossovsky took the town of Istra.
> (c) Having successively crushed the enemy's 17th tank division, 29th motorized infantry division and 167th infantry

мотопехотную и 167 пехотную дивизии противника, преследует их остатки и занял города Юхнов и Сталиногорск.

После перехода в наступление частями наших войск занято и освобождено от немцев свыше 400 населенных пунктов, захвачено: танков 386, автомашин 4317, мотоциклов 704, орудий 305, минометов 104, пулеметов 545, автоматов 546.

Немцы потеряли на поле боя за эти дни свыше 30 тысяч убитыми.

И мы воспѣли на утренѣ:

Яко сотвори Мнѣ величіе Сильный, и свято имя Его, и милость Его въ роды родовъ боящымся Его.

division, the 1st Guards Cavalry Corps of General Belov is pursuing what remains of them and has taken the towns of Yukhnov and Stalinogorsk.

After going on the counteroffensive, our forces have taken and rescued from the Germans over 400 populated areas, seizing 386 tanks, 4317 vehicles, 704 motorcycles, 305 pieces of ordnance, 104 mortars, 545 machine guns, and 546 submachine guns. In recent days over 30 thousand Germans have been killed.

And we sang at matins:

For he that is mighty hath done to me great things;
and holy is His Name, and His mercy
is on them that fear Him from generation to generation.

4

20 декабря 1941 года, суббота.

Погода:

Температура воздуха в Ленинграде минус 17-19 градусов;
переменная облачность, без осадков;
ветер восточный, 6-8, порывами 10-12 метров в секунду;
атмосферное давление 745 мм ртутного столба;
относительная влажность 98 %.

Четвертая недѣля Рождественскаго поста:

Старый стиль 7 декабря. Память:

Святителя Амвросія, епископа Медіоланскаго.
Мученика Аѳинодора.
Преподобнаго Іоанна, постника Печерскаго.
Преподобнаго Павла Послушливаго.

Монастырскій уставъ:

Сегодня, а также въ воскресеньѣ,
вторникъ и четвергъ – разрѣшается рыба.
Въ понедѣльникъ – горячая пища безъ масла.
Въ среду и пятницу – сухояденіе.

Карточки продовольственные. Литера «И»:

Карточка на хлеб на декабрь месяц.
Купоны на 20 число:

4.

Saturday, 20 December 1941

The weather:

> Air temperature in Leningrad: minus 17-19°C;
> scattered clouds, no precipitation;
> wind: easterly, 6-8 m/s, gusting occasionally to 10-12 m/s;
> atmospheric pressure: 745 mm Hg;
> relative humidity: 98 %.

Fourth week of Advent:

> 7 December O.S. Feast of:
>
> > Saint Ambrose, Bishop of Milan.
> > Saint Athenodorus, Martyr.
> > Venerable John, Hermit of the Kiev Caves.
> > Venerable Paul the Obedient.
>
> Monastic Rule:
>
> > Today and on Sunday, Tuesday and on Thursday,
> > fish is permitted.
> > On Monday – hot food without butter.
> > On Wednesday and Friday – strict fast.

Ration cards. Letter 'D':

> December ration card for bread.
> Coupons for 20 December:

Первый купон – 25 граммов.
Второй купон – 25 граммов.
Третий купон – 25 граммов.
Четвертый купон – 25 граммов.
Пятый купон – 25 граммов.

Карточка на крупу и макароны на декабрь месяц:

Купоны № 9-16 – 200 граммов.
Не отоварены.

Карточка на мясо и мясопродукты на декабрь месяц:

Купоны № 5-8 – 100 граммов.
Не отоварены.

Карточка на жиры на декабрь месяц:

Купоны № 6-10 – 50 граммов.
Не отоварены.

Карточка на сахар и кондитерские изделия
на декабрь месяц:

Купоны № 6-10 – 250 граммов.
Не отоварены.

Я сказал:

А еще в другой раз
у меня будет такой специальный шкаф:

> First coupon: 25 grams.
> Second coupon: 25 grams.
> Third coupon: 25 grams.
> Fourth coupon: 25 grams.
> Fifth coupon: 25 grams.

December ration card for cereal and pasta:

> Coupons № 9-16 – 200 grams.
> Not validated.

December ration card for meat and meat products:

> Coupons № 5-8 – 100 grams.
> Not validated.

December ration card for fats:

> Coupons № 6-10 – 50 grams.
> Not validated.

December ration card for sugar and confectionary:

> Coupons № 6-10 – 250 grams.
> Not validated.

I said:

> Another time
> I will have a special cupboard:

> в одном месте картошка
> в другом месте морковка
> в другом месте капуста
> в другом месте свекла
> в другом месте огурцы
> в другом месте помидоры
> в другом месте тыква

Ты сказала:

> Лёша у меня слег, и Шурик такой скучный,
> а я всё бегом, всё бегом.

Он сказал:

> По данным прозектур выраженные отеки наблюдались приблизительно в 40 % случаев. Кожа отечных трупов бледная, сероватый оттенок отсутствует. Нередко можно видеть отслойку эпидермиса с образованием обширных пузырей. Подкожная и межмышечная клетчатка полупрозрачны, отделяют прозрачную жидкость, обильно стекающую при разрезе.

Она сказала:

> Нет, они все только жрут. Где они все это достали?
> Это же настоящее вредительство.

Вы сказали:

> Это синее небо   этот редкостный дар декабря
> Эта смена привычных глазу   примет неизбежных
> Перистый лет облаков   пьющий туман горизонт
>   В ореоле лучей

        in one place there will be potatoes
        in another place – carrots
        in another place – cabbage
        in another place – beetroot
        in another place – cucumbers
        in another place – tomatoes
        in another place – pumpkin

You said:

    Lyosha is sick in bed, and Shurik is so sad,
    but I'm always in a hurry.

He said:

    Autopsy found considerable oedema in approximately 40% of cases. The skin of oedematous bodies is pale, without any greyish tint. Detachment of the epidermis and extensive vesication are frequent. Subcutaneous and intramuscular adipose tissue is semi-transparent; it secretes a transparent liquid which discharges profusely on incision.

She said:

    Just look at them, they keep stuffing their faces.
    Where did they get hold of it all? It's sabotage.

You said:

    This blue sky   this rare gift of December
    This change in the signs   familiar and inevitable
    Cirrus clouds   the horizon immersed in fog
        In the halo of rays

Они сказали:

> В результате ожесточенных боев части 54 армии генерал-майора тов. Федюнинского разгромили Войбокаловскую группировку противника. Разбиты наголову части 11-й пехотной дивизии, 291-й пехотной дивизии и 2 полка 254-й пехотной дивизии. Район Войбокало и ст. Войбокало заняты нашими войсками. В боях на Войбокаловском направлении противник оставил на поле боя свыше 5 тысяч трупов. Преследование противника продолжается.

И мы воспѣли на утренѣ:

> **Сотвори державу мышцею Своею,
> расточи гордыя мыслію сердца ихъ.**

They said:

> Units of the 54th Army under the command of Major General Comrade Fedyuninsky defeated the Voybokalo group of the enemy after fierce fighting. Our forces routed units of the 11th Infantry Division, of the 291st Infantry Division and of the 2nd Regiment of the 254th Infantry Division. Voybokalo district and Voybokalo railway station have been taken by our troops. During fighting on the Voybokalo line, the enemy left over 5000 dead on the battlefield. Pursuit of the enemy continues.

And we sang at matins:

> **He hath showed strength with his arm;**
> **He hath scattered the proud in the imagination**
> **of their hearts.**

5

27 декабря 1941 года, суббота.

Погода:

Температура воздуха в Ленинграде минус 19-21 градус;
облачно, снег, возможна изморозь;
ветер северный, 5 метров в секунду;
атмосферное давление 749 мм ртутного столба;
относительная влажность 94 %.

Пятая недѣля Рождественскаго поста:

Старый стиль 14 декабря. Память:

Мучениковъ Ѳѵрса, Левкія и Каллиника.
Мучениковъ Филимона, Аполлонія,
Аріана и Ѳеотиха.

Монастырскій уставъ:

Сегодня, а также въ воскресеньѣ,
вторникъ и четвергъ – разрѣшается рыба.
Въ понедѣльникъ – горячая пища безъ масла.
Въ среду и пятницу – сухояденіе.

Карточки продовольственные. Литера «И»:

Карточка на хлеб на декабрь месяц.
Купоны на 27 число:

5.

Saturday, 27 December 1941

The weather:

    Air temperature in Leningrad: minus 19–21°C;
    cloudy, snow showers, possible frost;
    wind: northerly, 5 m/s;
    atmospheric pressure: 749 mm Hg;
    relative humidity: 94 %.

Fifth week of Advent:

    14 December O.S.. Feast of:

        The holy martyrs Thyrsus, Leucius and Callinicus.
        The holy martyrs Philemon, Apollonius,
                Arianus and Theotychus.

    Monastic rule:

        Today and on Sunday, Tuesday and Thursday,
                fish is permitted.
        On Monday – hot food without butter.
        On Wednesday and Friday – strict fast.

Ration cards. Letter 'D':

    December ration card for bread.
    Coupons for 27 December:

　　　　Первый купон – 25 граммов.
　　　　Второй купон – 25 граммов.
　　　　Третий купон – 25 граммов.
　　　　Четвертый купон – 25 граммов.
　　　　Пятый купон – 25 граммов.

Согласно постановлению Военного Совета Ленинградского фронта № 00493 от 24 декабря 1941 года нормы отпуска хлеба населению увеличены.

Карточка на крупу и макароны на декабрь месяц:

　　　　Купоны № 17-24 – 200 граммов.
　　　　Будут отоварены по специальному распоряжению.

Карточка на мясо и мясопродукты на декабрь месяц:

　　　　Купоны № 9-16 – 200 граммов.
　　　　Будут отоварены по специальному распоряжению.

Карточка на жиры на декабрь месяц:

　　　　Купоны № 11-20 – 100 граммов.
　　　　Будут отоварены по специальному распоряжению.

Карточка на сахар и кондитерские изделия на декабрь месяц:

　　　　Купоны № 11-16 – 300 граммов.
　　　　Будут отоварены по специальному распоряжению.

Я сказал:

　　　　А еще в другой раз
　　　　у меня будет такой специальный шкаф:

> First coupon: 25 grams.
> Second coupon: 25 grams.
> Third coupon: 25 grams.
> Fourth coupon: 25 grams.
> Fifth coupon: 25 grams.

Further to decree № 00493 issued by the Military Council of the Leningrad Front on December 24, 1941 bread rations have been increased.

December ration card for grains and pasta:

> Coupons № 17-24: 200 grams.
> To be validated by special order.

December ration card for meat and meat products:

> Coupons № 9-16: 200 grams.
> To be validated by special order.

December ration card for fats:

> Coupons № 11-20: 100 grams.
> To be validated by special order.

December ration card for sugar and confectionery:

> Coupons № 11-16: 300 grams.
> To be validated by special order.

I said:

> Another time
> I will have a special cupboard:

в одном месте говядина
в другом месте баранина
в другом месте свинина
в другом месте рыба
в другом месте курица
в другом месте утка
в другом месте гусь

Ты сказала:

Хлеба прибавили, слава тебе, Господи,
а то Лёша-то уж стал опухать.

Он сказал:

Изменения аппетита у больных могут быть и обратного типа. У 17 % больных по данным Шапиро наблюдается понижение аппетита и даже отвращение к еде. Вайнберг также описывает анорексию. В семенниках сперматогенез нарушен, сперматиды и сперматозоиды отсутствуют. Клетки Сертоли без изменений.

Она сказала:

Им еще и хлеба прибавили.
Да им же столько будет не сожрать.

Вы сказали:

О зимнего парка печаль   о краткого дня
Изнеможенье   о с наступлением сумерек
Видимыми перестающие быть   искорки изморози
    На почерневших стволах

>   in one place there will be beef
>   in another place – lamb
>   in another place – pork
>   in another place – fish
>   in another place – chicken
>   in another place – duck
>   in another place – goose

You said:

>   They've increased the bread rations, thank God for that, just in time as Lyosha had begun to swell.

He said:

>   Changes in patients' appetite can be of the opposite type also. According to Shapiro 17% of patients showed a loss of appetite and even aversion to food. Weinberg also describes cases of anorexia. Spermatogenesis is disrupted; there are no spermatids or spermatozoa. The Sertoli cells remain unchanged.

She said:

>   They received an even bigger bread ration.
>   It will be impossible for them to gobble it all up!

You said:

>   Oh the sorrow of the park in winter the short day
>   Fades in the approaching twilight
>   Hardly visible blackened tree-trunks
>   covered in hoarfrost

Они сказали:

> В течение 27 декабря наши войска вели бои с противником на всех фронтах. На ряде участков фронтов наши войска, ведя бои с противником, продолжали продвигаться вперед, заняли ряд населенных пунктов, в т. ч. города Лихвин, Высокиничи, Новосиль и Тим. Наши корабли в Баренцевом море потопили 3 транспорта противника.

И мы воспѣли на утренѣ:

> **Низложи сильныя со престолъ и вознесе смиренныя, алчущыя исполни благъ и богатящыяся отпусти тщы.**

They said:

> On 27 December throughout the day our troops fought the enemy on all fronts. Our forces continued their advance, occupying a range of settlements, including the towns of Likhvin, Vysokinichi, Novosil and Tim. Our battleships in the Barents Sea sank three of the enemy's transport ships.

And we sang at matins:

> **He hath put down the mighty from their seats, and
> exalted them of low degree.
> He hath filled the hungry with good things; and the rich
> He hath sent empty away.**

6

3 января 1942 года, суббота.

Погода:

Температура воздуха в Ленинграде минус 21-23 градуса;
облачно, небольшой снег;
ветер северо-восточный, 3 метра в секунду;
атмосферное давление 745 мм ртутного столба;
относительная влажность 99 %.

Шестая недѣля Рождественскаго поста:

Старый стиль 21 декабря. Память:

Мученицы Іуліаніи и съ нею 500 мужей
и 130 женъ, въ Никомидіи пострадавшихъ.
Святителя Петра, митрополита Московскаго
и всея Россіи чудотворца.
Мученика Ѳемистоклея.
Преставленіе блаженнаго Прокопія,
Христа ради юродиваго.

Монастырскій уставъ:

Сегодня, а также въ воскресеньѣ,
вторникъ и четвергъ – разрѣшается рыба.
Въ понедѣльникъ – горячая пища безъ масла.
Въ среду и пятницу – сухояденіе.

6

Saturday 3 January 1942

The weather:

> Air temperature in Leningrad: minus 21–23°C;
> cloudy, light snow;
> wind: north-easterly, 3 m/s;
> atmospheric pressure: 745 mm Hg;
> relative humidity: 99 %.

Sixth week of Advent:

> 21 December O.S.. Feast of:
>
>> Juliana of Nicomedia, virgin-martyr,
>>   and the 500 men and 130 women martyred with her.
>> Saint Peter, Miracle-worker,
>>   Metropolitan of Moscow and of All Russia.
>> Saint Theomistocles, Martyr.
>> Repose of the blessed Procopius, fool-for-Christ.

Monastic rule:

> Today, and on Sunday, Tuesday and Thursday –
>   fish is permitted.
> On Monday – hot food without butter.
> On Wednesday and Friday – strict fast.

Карточки продовольственные. Литера «И»:

Карточка на хлеб на январь месяц.
Купоны на 3 число:

    Первый купон – 50 граммов.
    Второй купон – 50 граммов.
    Третий купон – 50 граммов.
    Четвертый купон – 50 граммов.

Карточка на крупу и макароны на январь месяц:

    Купон № 1 – 25 граммов.
    Разрешается продажа муки в счет крупы.

Карточка на мясо и мясопродукты на январь месяц:

    Купон № 1 – 25 граммов.

Карточка на жиры на январь месяц:

    Купон № 1 – 10 граммов.

Карточка на сахар и кондитерские изделия
на январь месяц:

    Купон № 1 – 50 граммов.

Я сказал:

А еще в другой раз
у меня будет такой специальный шкаф:

    в одном месте яблоки
    в другом месте груши
    в другом месте апельсины

Ration cards. Letter 'D':

> January ration card for bread.
> Coupons for 3 January:
>
>> First coupon: 50 grams.
>> Second coupon: 50 grams.
>> Third coupon: 50 grams.
>> Fourth coupon: 50 grams.
>> Fifth coupon: 50 grams.
>
> January ration card for grains and pasta:
>
>> Coupon № 1: 25 grams.
>> The sale of flour instead of grains is permitted.
>
> January ration card for meat and meat products:
>
>> Coupon № 1: 25 grams.
>
> January ration card for fats:
>
>> Coupon № 1: 10 grams.
>
> January ration card for sugar and confectionary:
>
>> Coupon № 1: 50 grams.

I said:

> Another time
> I will have a special cupboard:
>
>> in one place there will be apples
>> in another place – pears
>> in another place – oranges

в другом месте персики
в другом месте виноград
в другом месте дыня
в другом месте арбуз

Ты сказала:

А Лёша-то перед смертью вдруг стал такой весёлый.
Шура, говорит, поедем ты в Игарку.

Он сказал:

Такой же точки зрения придерживался Клейнман, считающий, что состояние нервного возбуждения и беспокойства объясняется нарушением функционально-динамических взаимодействий между корой и диэнцефальными аппаратами. Скальская выдепяет диэнцефалический синдром. Расстройство психики позволяет выделить алиментарные психозы как самостоятельную нозологическую группу.

Она сказала:

Что же он всё жрал-то?
Всё равно у него был понос, ничего уж не держалось.

Вы сказали:

Морозное утро   разве мы видели
Хоть когда-то   такой беспредельный
Такой всеобъятный   рассвет
      Над заснеженной далью

in another place – peaches
in another place – grapes
in another place – melons
in another place – watermelons

You said:

Lyosha got so cheerful before he died.
'Shura,' he says, 'let's go to Igarka!'

He said:

Kleinman was of the same opinion: nervous excitation and anxiety are to be explained by functional-dynamic interference between the cortex and the diencephalic apparatus. Skalskaya identifies a dienciphalic syndrome. The presence of a mental disorder points to nutritional psychoses as a separate nosological group.

She said:

Why didn't he stop stuffing his face?
He was having the shits anyway, he couldn't keep it in.

You said:

A frosty morning   have we ever seen
Even once,   such a limitless
All-embracing   sunrise
        Over the snowy expanse

Они сказали:

После разгрома под Тулой 2-й бронетанковой армии генерал-полковника Гудериана войска Западного фронта продолжали решительное наступление, преследуя и громя ее остатки. В ходе боев были разбиты 20-й, 12-й, 13-й, 43-й, 53-й и 57-й германские армейские корпуса в составе 292, 258, 183, 15, 98, 34, 268, 260, 62, 17, 137, 131, 31, 296 и 167 пехотных и 19 танковых дивизий и 2-я бригада СС. С боем взят город Калуга. В городе Калуге захвачены большие трофеи, которые подсчитываются.

И мы воспѣли на утренѣ:

Воспріятъ Израиля отрока Своего,
    помянути милости,
Якоже глагола ко отцемъ нашимъ,
    Аврааму и сѣмени его даже и до вѣка.

They said:

> After crushing the 2nd armoured division of Colonel-General Guderian near Tula, the troops of the western front continued the all-out attack pursuing and destroying the remaining forces. The 20th, 12th, 13th, 43rd, 53rd and 57th German army corps were defeated; they comprised the 292nd, 258th, 183rd, 15th, 98th, 34th, 268th, 260th, 62nd, 17th, 137th, 131st, 31st, 296th and 167th infantry divisions, the 19th tank division and the 2nd brigade of the SS. The city of Kaluga was taken by force. Massive spoils were taken in Kaluga, which are being inventoried now.

And we sang at matins:

> **He hath holpen His servant Israel,**
> **in remembrance of his mercy;**
> **As he spake to our fathers,**
> **to Abraham, and to his seed for ever.**

7

7 января 1942 года, среда.

Погода:

Температура воздуха в Ленинграде минус 30 градусов;
солнечно;
штиль;
атмосферное давление 760 мм ртутного столба;
относительная влажность 100 %.

Рождество Господа Бога и Спаса нашего Іисуса Христа:

Старый стиль 25 декабря.

Монастырскій уставъ:

Поста нѣтъ: разрѣшеніе на вся.

Карточки продовольственные:

Исполком Ленинградского городского совета депутатов трудящихся разрешил продажу по январским продовольственным карточкам в счет существующих месячных норм:

Крупы:

Рабочим и ИТР – 400 граммов.
Служащим – 200 граммов.
Иждивенцам – 100 граммов.
Детям до 12 лет – 300 граммов,
      в том числе 100 граммов риса.

7.

Wednesday, 7 January 1942

The weather:

> Air temperature in Leningrad: minus 30°C;
> sunny;
> calm;
> atmospheric pressure: 760 mm Hg;
> relative humidity: 100 %.

Christmas, Nativity of our Lord Jesus Christ

> 25 December O.S.

> Monastic rule:

>> No fasting: no food restrictions.

Ration cards:

> On account of the existing monthly allocations, the Executive Committee of the Leningrad City Council of Workers' Deputies has authorized sales against January ration cards of the following:

> Cereals:

>> Workers and engineers: 400 grams.
>> Employees: 200 grams.
>> Dependents: 100 grams.
>> Children up to 12 years of age: 300 grams,
>>> including 100 grams of rice.

Сахара и кондитерских изделий:

Рабочим и ИТР – 100 граммов.
Служащим – 100 граммов.
Иждивенцам – 100 граммов.
Детям до 12 лет – 250 граммов,
    в том числе 150 граммов шоколада.

Мяса и мясопродуктов:

По 100 граммов всем группам населения.

Жиров:

Детям до 12 лет – по 75 граммов.

Я сказал:

А еще в другой раз у меня будет так всё сделано
что в другой раз папа уже не умрет

Ты сказала:

Лёшу-то я не похоронила

Он сказал:

За последнее время число случаев трупоедства в Ленинграде резко сократилось, однако еще значительно и идет исключительно за счет похищения трупов и трупных частей с кладбищ.

Sugar and confectionery:

> Workers and engineers: 100 grams.
> Employees: 100 grams.
> Dependents: 100 grams.
> Children up to 12 years of age: 250 grams,
> including 150 grams of chocolate.

Meat and meat products:

> 100 grams per person for all population groups.

Fats:

> Children up to 12 years of age: 75 grams.

I said:

> Another time, I will arrange things so that next time daddy doesn't die.

You said:

> I've not got Lyosha buried.

He said:

> Recently, the incidence of corpse-eating in Leningrad has sharply decreased but is still significant and occurs solely in connection with theft of corpses and body parts from cemeteries.

Она сказала:

    А я пойду сегодня в кино.
        В кинотеатре «Спартак» –
                кинокартина *Большая жизнь*.
        В кинотеатре «Правда» –
                кинокартина *Музыкальная история*.
        В кинотеатре «Молот» –
                кинокартина *Сто мужчин и одна девушка*.

Вы сказали:

    Dulce et decorum est pro patria mori:
    Mors et fugacem persequitur virum,
        Nec parcit imbellis juventae
    Poplitibus timidove tergo[1]

Они сказали:

    Наши войска продолжили отбрасывать противника на запад. Продвинувшись вперед, они заняли ряд городов. В ходе боев противник понес тяжелые потери. Захвачены большие трофеи.

И мы воспѣли на литургіи:

    Дѣва днесь Пресущественнаго раждаетъ,
    и земля вертепъ Неприступному приноситъ;
    Ангели съ пастырьми славословятъ,
    волсви же со звѣздою путешествуютъ:
    насъ бо ради родися Отроча младо,
        превѣчный Богъ.

---

[1] Сладко и красиво умереть за родину:
  Смерть догонит бросившегося бежать,
      Она не пожалеет ни задрожавших поджилок,
    Ни втянутых в плечи голов безоружных подростков.

She said:

    As for me, today I am going to the cinema.
      "It's a Great Life" is now playing
                          in the *Spartak* cinema.
      "A Musical Story" –
                          in the *Pravda* cinema.
      "A Hundred Men and one Girl " –
                          in the *Molot* cinema.

You said:

    Dulce et decorum est pro patria mori:
    Mors et fugacem persequitur virum,
           Nec parcit imbellis juventae
        Poplitibus timidove tergo[1]

They said:

    Our army continues to push the enemy westwards. Our latest advance has led to the recapture of several towns. The enemy has suffered heavy losses in combat. Massive spoils were taken.

And then we sang at Christmas liturgy:

    Today the Virgin gives birth to the Transcendent One,
    And the earth offers a cave to the Unapproachable One!
    Angels with shepherds glorify Him!
    The wise men journey with a star!
    For a young Child is born for us,
        Who is the eternal God.

---

[1] It is sweet and fitting to die for one's country.
  Death hunts down also the man who runs away,
        and has no mercy on the hamstrings of the unwarlike youth
      and his cowardly back.

A NOTE ON THE TYPE

While based on Humanist types of the 15th and
16th Century, Robert Slimbach's Arno Pro is a
thoroughly contemporary serif with a full complement
of Latin-based glyphs providing pan-European language support.
It also offers considerable support in Cyrillic.
The typeface's 32 fonts have five optical size ranges—
caption, small text, subhead, regular, and display,
and includes, unusually, italic Small Capitals.

www.ingramcontent.com/pod-product-compliance
Lightning Source LLC
Chambersburg PA
CBHW051703040426
42446CB00009B/1275